DER KLEINE BUCH VERLAG

Pl.234. *Morelle tubéreuse (Pomme de terre).*
Solanum tuberosum L.

Helga Rosemann

Kartoffel auf Pfälzisch

DER KLEINE BUCH VERLAG

Dieses Buch ist meinem Sohn Philipp gewidmet,
der viel zum Gelingen beigetragen hat.

Zu diesem Buch

Die Pfälzer haben von jeher gerne deftig gespeist. Die örtlichen Gegebenheiten, geprägt von schwerer Feldarbeit in den ländlichen Gegenden, aber auch von Kriegen und Hungersnöten, haben zu dieser Entwicklung beigetragen. Als die Grumbeer Anfang des 17. Jahrhunderts (während des Dreißigjährigen Krieges) ihren Weg in die Pfalz fand, wurde sie sehr bald zum wichtigsten Nahrungsmittel in den einfachen Haushalten. Denn mit bescheidenen Mitteln in Hausgärten angepflanzt, erwies sich die Pflanze als sehr widerstandsfähig. Und die Leute merkten schnell, wie nahrhaft und sattmachend die neue Knolle war. Kein Wunder also, dass es nicht allzu lange dauerte, bis die ersten Grumbeere feldmäßig angepflanzt wurden. Die weite Verbreitung der Grumbeer weckte natürlich den Wunsch nach abwechslungsreicheren Zubereitungsmöglichkeiten.

Und schon aus diesem einfachen Grund versuchten die Hausfrauen, neue Rezepte auszuprobieren. Majoran, damals frisch aus dem Garten, würzte beinahe jedes Grumbeergericht. Speck, der in der Pfalz als Dörrfleisch bekannt ist, gehörte auch mit in den Kochtopf. Wir dürfen nicht vergessen, dass Schweinefleisch – damals wie noch heute – das preiswerteste Fleisch war. Mit einer Fleischbeigabe aber wird jedes Gericht nahrhafter und für so manchen schmackhafter. Auch daran hat sich nicht viel geändert. Kartoffelkuchen und Kartoffelbrot wurden ganz sicher nur gebacken, weil es an Mehl mangelte. Denn der Getreideanbau war viel anspruchsvoller und konnte bei widrigen Bedingungen Hungersnöte auslösen.

Mit diesem Hintergrundwissen kann man verstehen, wie sich die Pfälzer Esskultur über die Jahrhunderte entwickelt hat. Die Pfalz hat sich inzwischen zu einem florierenden und wohlhabenden Teil Deutschlands gewandelt, nicht zuletzt aufgrund des Weinanbaus und des Tourismus. Die Tradition der lokalen Küche ist jedoch weitgehend erhalten geblieben, und nicht nur hinsichtlich der Grumbeergerichte. In der Pfalz isst man nach dem Motto: Lieber Grumbeersupp als Hamburger!

Und weil die Pfälzer Küche so viele und so schmackhafte Grumbeergerichte zu bieten hat, habe ich mich entschlossen, sie zusammenzutragen und für Sie, liebe Grumbeerfreunde, ein Kochbuch daraus zu machen.
Wenn nicht anders vermerkt, sind die Rezepte für 4 Personen bestimmt.

Viel Spaß beim Kochen und Futtern
Ihre Helga Rosemann

Die Kartoffel im Reich der Inka

Von der Kartoffel möchte man annehmen, dass sie das deutscheste aller Lebensmittel ist – wer isst schon so viele Kartoffeln wie wir Deutschen? (Na, die Iren vielleicht.) Interessanterweise ist die Kartoffel in ihrem Ursprung jedoch überhaupt nicht deutsch. Sie ist nicht einmal europäisch, sondern vielmehr im Zeitalter des Kolonialismus von Südamerika nach Europa verpflanzt worden. Die Kartoffel ist also eigentlich ein sehr exotisches Gewächs.

Vermutlich wuchsen wilde Kartoffeln bereits vor dreizehntausend Jahren an der chilenischen Küste. Davon jedenfalls gehen einige Wissenschaftler heute aus, wie Larry Zuckerman in seinem Buch »Die Geschichte der Kartoffel« (2004) berichtet. Das war lange bevor die Menschen überhaupt damit begannen, Landwirtschaft zu betreiben. Die Verbreitung der Kartoffel auf dem Altiplano – dem mittelamerikanischen Hochland – legt den Schluss nahe, dass die Kartoffelpflanze sich schon sehr bald – will heißen, in den folgenden Jahrtausenden – in weiteren Teilen Südamerikas ausgebreitet hatte. Vor siebentausend Jahren haben dann in Südamerika ansässige Völker wie etwa die Inka damit begonnen, die Kartoffelpflanze zu kultivieren.

Die »Söhne der Sonne«, wie die Inka sich auch nannten, kannten und züchteten die verschiedensten Kartoffelsorten. Immerhin hat die Kartoffel mehr wilde Verwandte als jede andere Kulturpflanze, nämlich 230 an der Zahl. Es gab alle denkbaren Varianten: süße und bitter schmeckende, fast butterzarte bis stark mehlige Kartoffeln in Farben von rot über rosa bis orangefarben und gelb. Die Inka wussten dabei zu unterscheiden, wo welche Pflanze gedeihen konnte, was angesichts der gewaltigen Höhenunterschiede in ihrem Reich wichtig war. Auf den windgepeitschten Hochplateaus der Anden, auf 4000 und bis zu 5000 Metern Höhe, konnten nur unempfindliche, robuste Sorten gedeihen. Die dünne Luft der Hochplateaus, die die Sonnenwärme am Tag ungehindert passieren lässt, sodass die Temperatur auf über 20 Grad Celsius ansteigen kann, sie nachts hingegen bis auf Minusgrade abfallen lässt, erfordert eine äußerst widerstandsfähige Pflanze.

Kartoffeln waren das Hauptnahrungsmittel der Inka, weil sie sich vorzüglich auf dem schwierigen Terrain ihres Reiches anbauen ließen. Ackerland war

auf dem Altiplano knapp und wurde den steilen Hängen auf schmalen Terrassen abgerungen. Kartoffeln eigneten sich für diese Anbauweise ausgezeichnet, denn die Bauern konnten die Knollen nur mit Hacke und Stock oder vielleicht mit einem Spaten sehr einfach ernten, zumal gleich mehrere an einer einzigen Pflanze hingen. Die Kälte wurde genutzt, um einen Teil der Ernte über Nacht gefrieren zu lassen, ihr dann das Wasser zu entziehen und auf diese Weise eine frostgetrocknete Substanz, genannt Chuño, zu erlangen.

Genauso wie die Inka profitieren auch die heutigen Züchter noch von der Sortenvielfalt der Kartoffel. Sie kreuzen je nach Anbaugebiet südamerikanische, nordamerikanische und europäische Varianten, um krankheits- und schädlingsresistente Sorten zu erhalten. Das alles ist zwar wissenschaftlicher und beinhaltet die High-Tech-Methoden unserer modernen Welt, unterscheidet sich aber prinzipiell nicht davon, was die Inka schon betrieben haben.

Wie die Kartoffel von Südamerika in die Alte Welt gelangte, ist heute nicht mehr genau zu rekonstruieren. Es bleibt richtig, was Friedrich Graf Berchtold schon 1842 in seinem Buch »Die Kartoffeln« schrieb: »Immer noch bleibt es unentschieden, wo die Kartoffeln frei und ohne Kultur wachsen; ebenso die Beantwortung der Frage: wer sie zuerst nach Europa gebracht und wie sie sich über diesen Erdteil verbreitet haben?« Und der Graf ergänzte noch: »Wer es auch immer gewesen sein mag, der zuerst diese Gottesgabe in Europa eingeführt hat: er sei uns gesegnet ...«

Trotz mancher Ungewissheiten haben sich die Jahre zwischen 1560 und 1570 als Zeitraum herauskristallisiert, in dem die Kartoffel wohl zum ersten Mal die Reise über den Atlantischen Ozean antrat. Einige behaupten, ein Sklavenhändler namens John Hawkins habe sie 1565 aus Südamerika nach Irland gebracht.

Zu gleicher Zeit sind Kartoffeln wohl auf spanischen Schiffen gen Osten gereist. Sie haben sich dann langsam einerseits von den Britischen Inseln und anderseits von Spanien aus über den ganzen europäischen Kontinent verbreitet. Die erste literarische Erwähnung der Kartoffel findet sich übrigens im Werk des Petrus Martyr von Angleria, eines italienisch-spanischen Klerikers und Geschichtsschreibers, der die Eroberung Südamerikas durch die Spanier in seinem Buch »De orbe novo decades« (1511) beschrieb. Er berichtete von merkwürdigen Wurzeln, »batata« genannt, welche die Einheimischen äßen. Das, so meint man, könne sich nur auf Kartoffeln beziehen.

Die Grumbeer in der Pfalz

Die Kartoffel ist also ursprünglich eine südamerikanische Pflanze, geschätzt und kultiviert von den Andenvölkern, die dann von den Kolonialherren nach Europa – man darf wohl sagen – verpflanzt wurde. Man kann sogar verfolgen, wie die »Inka-Knolle« den Weg in die Pfalz gefunden hat.

Fangen wir einmal mit einem Bergzaberner Bürger an, der den eigenartigen Namen »Tabernaemontanus« trägt. Besagter T. wurde in der Pfälzer Kurstadt 1522 als Jakob Theodor geboren. Er studierte dann Medizin in Padua und Montpellier; in den Latein sprechenden akademischen Zirkeln, in denen er verkehrte, legte er sich den Gewohnheiten der Zeit folgend dann den Namen »Tabernaemontanus« zu, was übrigens nichts anderes heißt als »der aus Bergzabern«. Im nahen Weißenburg – heute Wissembourg – wurde T. Apotheker. Als solcher interessierte er sich für Kräuter, und zwar auf so hohem Niveau, dass er ein Kräuterbuch verfasste, welches, 1588 erstmals publiziert, zu einem regelrechten Bestseller wurde. Überarbeitet von dem berühmten schweizer Botaniker Gaspar Bauhin erschien das »Neuw Kreuterbuch« in verschiedenen Auflagen zu Beginn des 17. Jahrhunderts. In der Auflage von 1625 taucht dann plötzlich der folgende Eintrag auf:

Vom Grübling Baum

Grübling Baum hat ein Wurtzel wie ein Grübling gestaltet / welch etwan einen Faust groß / etwan ein Hand lang / bißweilen klein / so knorricht / und gesafftig / mit einem zarten braunen / oder rauchfarben Häutlein überzogen / innwendig ist sie aber weiß und satt. Da der Stengel herfür schiest / sind viel lange zaserechte Wurtzel / die breyt umb sich fladern / auß welchen am Frühling andere Stengel herfürbrechen / unnd andere runde Wurtzel anhangen / wie beygesetzte Figur klärlich mit sich bringet: also daß ich an einem Stock viertzig runde Wurtzel gezehlet habe / so durch weißlichtige Zasern an einandern hangen. Der Stengel ist zwo biß sechs Ehlen hoch / grün / rundt / gestreifft / etwas haericht / gesafftig / Fingers dick / welcher in viel schwache Nebenäst getheilet. Die erste Bletter seyndt dem S. Barbelkraut Bletter gleich / die andern sind die Liebapffel gar ähnlich / spannen lang: am Anfang schwartzbraun / hernacher bleychgrün / etwas haerig / in fünff und mehr Theil getheilet / zwischen welchen zwey kleine Blettlein / wie an dem Liebapffel Blatt gesetzet sind. Die Blume sind an langen Aestlein zehen / zwölff / oder mehr bey einander / etliche offen / die andern beschlossen / an Form und Gestalt der Melantzanenblum gleich / und ob sie wol, ganzt / jedoch so sind fünffecket / an Farb braun / weißbraun / auch etliche weiß / mit gelben streimen underzogen / und in der Mitte etliche Bützlein. Man hat sie auch mit gefüllten Blumen in Osterreich. Die Frucht ist rundt / viel bey einander: gleich wie an einem gemeinen Nachtschatt / deren etliche einer Nuß / andere einer Haselnuß groß / andere kleiner / so zum ersten schwartzgrün / etlich schwartroth / voller weißer lücken Marck und kleinen runden und breyten Samen / wie der Nachtschatt.

Dieser Text stellt wohl die erste wissenschaftliche Beschreibung der Kartoffel dar – denn das ist es, was Bauhin mit dem »Grübling-Baum« meinte, obschon es wahrscheinlich eher die Süßkartoffel war, auf die er gestoßen war.
Nun wird Bauhin die Kartoffel nicht auf irgendeinem Feld angetroffen haben, sondern in der botanischen Sammlung eines Fürsten – denn das war die Kartoffel zunächst in Europa: eine botanische Kuriosität. Erst ganz all-

mählich wurde sie weithin angebaut und entwickelte sich zu einem Grundnahrungsmittel. Man nimmt an, dass der Dreißigjährige Krieg (1618–1648) zur Verbreitung der Kartoffel beigetragen haben könnte, indem einzelne Soldaten von dieser sonderbaren Pflanze berichtet und sie sogar mit sich geführt haben. Sie könnte dann in einzelnen Hausgärten kultiviert worden sein. Zum Anbau im größeren Stil kam es im 18. Jahrhundert, und das wissen wir, weil die Kartoffelernte in diesem Zeitraum zum Steuerobjekt wurde: Der »Zehnte« muss von der Kartoffelernte berechnet und bezahlt werden, sodass die Inka-Knolle nun auch in bürokratischen Dokumenten erscheint. Auch in der Pfalz! In Lemberg bei Pirmasens ist 1720 zum ersten Mal verbürgt, dass der Zehnte auf Kartoffeln gezahlt wurde.

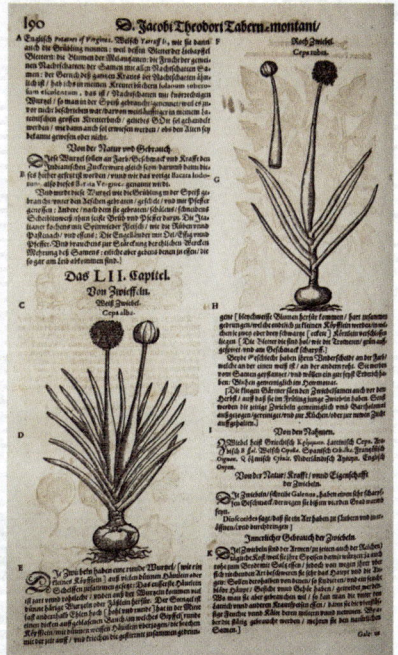

Das Deutsche Kartoffelmuseum in Fußgönheim

Die Bedeutung der Kartoffel in Deutschland kann man wohl daraus ersehen, dass es bei uns gleich drei Kartoffelmuseen gibt: eines in München, ein weiteres in Tribsees (Vorpommern) und ein Drittes – natürlich in der Pfalz! Letzteres ist in Fußgönheim, einem Vorort Ludwigshafens, beheimatet. 1988 nach einer Initiative des Heimat- und Kulturkreises Fußgönheim eröffnet, befindet es sich seit 1996 in

der schön renovierten ehemaligen jüdischen Synagoge. Die Synagoge war bereits vor der Zeit des Nationalsozialismus verlassen und diente von 1936 bis 1984 als Getreidelager. Das Kartoffelmuseum ist Teil eines Komplexes im wiederhergestellten historischen Orts-mittelpunkt, der auch das Schloss mit Kirche und Garten, ein Heimatmuseum sowie andere Sehenswürdigkeiten umfasst. Fußgönheim ist also auf jeden Fall einen Besuch wert.

Dem neugierigen Besucher wird beim Rundgang durch das Museum allerlei Wissen über die Grumbeere vermittelt. Es beginnt mit dem »Namen der Knolle«, geht über »Botanik und Züchtung«, »Kultur, Kunst und Literatur«, »Kartoffel-krankheiten und Schädlinge« und »Kartoffelverarbeitung« bis hin zur gesam-ten Bandbreite der »Kartoffel-Landtechnik«, einschließlich einer Dämpfanla-ge aus den Fünfzigerjahren, die im angeschlossenen Landwirtschaftsmuseum ausgestellt ist. Ein besonderes Ausstellungsstück ist der Arme-Leute-Esstisch mit »Gequellte un dub dub« (gekochte, gepellte Grumbeere, in Salz gedippt und an einem auf den Tisch genagelten Hering vorbeigestreift, um ihnen noch ein wenig Geschmack zu geben).

Weitere Informationen sind unter www.deutscheskartoffelmuseum.de zu finden.

Die Grumbeere in der »pälzisch Wikipedia«

Die »pälzisch Wikipedia« ist eines der vielen Wikipedia-Projekte in Dialekt-sprachen. Sehr viele Einträge hat sie noch nicht, doch die Grumbeere ist selbstverständlich vertreten:

Grumbeere (Palz), Grumbiere (Kurpalz, Siedweschtpalz) (Solanum tuberosum) sin e Kulturplanz aus Sidamerika un aa zu iare unner der Erd wachsende Knolle sescht ma so. Die gehert zu de Nachtschaddegewegse, wie zum Beischbiel a die Tomade orre die Babriga orre de Duwack. Die Grumbeerknolle sin essbar un werre vielseidisch verwendt. Wie bei annere Nachtsschaddegewegse is in de griene Dääle, wo iwwerm Borm wachse, des gifdiche Alkaloid Solanin drin, wo a em Mensch gefehrlich werre kann.

Und so weiter! Der Eintrag ist recht lang. Schauen Sie einmal nach, unter http://pfl.wikipedia.org/wiki/Kartoffel.

Der Sickinger Grumbeere-Markt

Die Gemeinde Wallhalben im Herzen des Sickinger Landes veranstaltet seit ungefähr einem Jahrzehnt einen jährlichen Grumbeere-Markt, auf dem sich alles um die Zubereitung und den Verzehr leckerer und auch ungewöhnlicher Grumbeer-Gerichte dreht. Ähnlich wie die Gemeinde Fußgönheim würdigen die Wallhalbener auf diese Weise den Stellenwert der Kartoffel in ihrem Leben, den die Knolle seit 1690 zunächst als Tierfutter im Sickinger Land eingenommen hat.

Die Geschichte der Grumbeere im Sickinger Land wurde von Willi Hack im »Heimatbuch der Verbandsgemeinde Wallhalben«, das 1994 erschienen ist, en détail rekonstruiert. Die Lektüre lohnt sich! Die Datierungen wurden durch erhalten gebliebene Dokumente im Zusammenhang mit der Entrichtung des

Zehnten ermöglicht. 1732 wandten sich nämlich mehrere Pfarrer aus dem Sickinger Land mit der Bitte an ihren Herrscher, den Freiherrn von Sickingen-Hohenburg, er möge doch dafür sorgen, dass seine Untertanen die Steuer auf die von ihnen angebauten »Grundbiren« entrichten. Das lehnte der zuständige Amtmann mit der Begründung ab, dass seit der Einführung der Kartoffel im Sickinger Land – eben um 1690 – »an allen Orthen niemalen der geringsten Zehnten davon entrichtet worden sei«.

Zu den interessanten Kartoffelspeisen, die traditionell auf dem Grumbeere-Markt angeboten werden, gehören auch die Grumbeer-Lebkuche auf Seite 91.

Blick auf die Ebernburg, den ehemaligen Sitz der Sickinger

14

»Die Grumbeer« von Ludwig Hartmann

Der Pfälzer Mundartdichter Ludwig Hartmann (1881–1967) verfolgte sein schrift-
stellerisches Wirken sein Leben lang nur im Nebenberuf, denn hauptberuf-
lich war er bei der Bahn angestellt. Man ist fast an
den berühmten T. S. Eliot erinnert, der ja auch Ban-
kier war, als er Werke wie »The Waste Land« (dt.
»Das wüste Land«) schuf. Nun, Hartmanns Stoff war
etwas leichter, vor allem in den Reimen, die er für
das 1920 bei E. Weinold in Ludwigshafen erschie-
nene Bändchen »Kinner- sprich vum Ludewig. Ein
pfälzisches Bilderbuch in Reimen für Groß und
Klein« dichtete. Zeichnun- gen von Otto Schäfer be-
gleiteten seine lustigen Verse. Es heißt, von dem
Buch seien in den ersten vier Wochen nach Erschei-
nen 4000 Exemplare ver- kauft worden.

In den folgenden Reimen besingt Hartmann die Grumbeer, deren Laufbahn er vom Acker bis zum städtischen Esstisch verfolgt. Sogar eine Liste der wichtigsten Pfälzer Grumbeer-Gerichte wird geboten.

Die Grumbeer

Die Grumbeer isch doch werklich wert,
Daß mer se genau erklärt.
Im Friehjohr werd sich abgerackert.
Do werd de Bode rumgezackert,
Dann werd er widder glatt geeggt
Unn dann die Grumbeer nei' gesteckt.
Was mer for nemmt? Wie soll ich sage?
Am beschte mit so große Aage,
Ganz loßt mer selli, klee wie Glicker,
Die größ're schneid' mer als in Sticker.
Mer macht e Loch mit Hack unn Finger –
Bauf – nix wie nei' mit denne Dinger,
Nor immer eeni in ee Kaut,
Damit's de Bode aa verdaut.
Die Aage missen owwe druff,
Sunscht geh'n se später als nit uff.

Mer schaufelt zu dann widder glei' –
O liewer Gott, steh uns bei!
De Rege kummt, es scheint die Sunn',
Mer merkt gar ball de Sege schun.
Vier Woche druff aus alle Ritze,
Do kummen scheene, griene Spitze,
Unn ziecht mer's noch e bissel naus,
Do guckt e ganzes Stöckel raus.
En Haufe Ukraut hot's jetz, meen ich,
Unn's Land werd drucke,
fescht unn steenig,
Do heeßt's jetz dapper agepackt
Unn fescht gehäufelt unn gehackt,
Dann im e lucke, sauw're Bode
Dhut alles besser noch gerote.
Die Erwet isch nit umesunscht –
Im Summer zeigt sich erscht die Kunscht:
Dann stehen scheene Bliete do
Unn's ganze Feld glänzt weiß unn bloo.
De Bauer rechnet sein Profit:
Helft unser Herrgott weiter mit,
Dann kammer's Spätjohr sicher denke,
Daß dicke Dinger drunne henke.
Jetz awwer bei, ihr liewe Knecht,
Unn hackt emol enunner fescht –
Herrjeh, was sinn des große Bolle,
E halwes Pund wiegt jeder Knolle!
Des isch e Grumbeer – ei – ei – ei!
E Haufe Mägd, die kumme bei,
Unn lesen se aus all dem Dreck
Unn stoppen se in große Säck.
Dann kummt e Fuhrwerk, lad se nuff,

De Bauer hockt sich owwe druff,
Unn hü! ihr Gäul – jetz awwer schnell –
Nei' in die Stadt geht's uff der Stell.

De Städter tragt se in de Keller
Unn zahlt se glei uff Mark unn Heller,
De Bauer awwer dhut sich kratze
Unn rechent nooch die viele Batze,
Dann leischt er sich en ganze Schoppe
Vum allerbeschte Pälzer Troppe
Unn peitscht unn knallt dann
uff sei'm Wagge,
Daß alle Leit fascht missen lache.
Grumbeere – ach, du liewer Gott –
Wer jetz genunk im Keller hot,
Der braucht gewiß nimmi zu klage
Unn kann vun Glick unn Sege sage!
Grumbeere, ach, do kammer mache
En Haufe scheene, feine Sache!
Mer kann se dämpfe, broote, quelle,
Mer kann se mit Gemies uffstelle,
Mer kann draus feine Küchle backe,
Die wu mit Obst so herrlich schmacke,
Unn wer's noch besser will versuche,
Der macht sich Grumbeerpannekuche.
Hernod den scheene Specksalat –
Och, des isch doch e wahrer Staat –
Mit Schinke, Broote odder Worscht –
Uijeh, do gibt's en Haufe Dorscht!
Dann g'schöppte Knöpp mit Butter-
schmalz –
O heilig, tropst emm do de Hals!

Dann »hoorige« aus rohe Sticker,
Mer heeßt se aa noch Magedricker,
Mit Hasepeffer owwedriwwer –
Do laafen eem die Aage iwwer!
O Pälzer Grumbeer, schmackscht du fei' –
Guck, uhne dich könnt ich nit sei!

»Ihr liewe Kinner«, sagt die Mamme,
»Gell, legt emol die Händle z'amme
Unn bet e jedes laut mit mir:
O guter Gott, wie dank ich dir!
Ach, loß uns arme Pälzer Leit,
Die Grumbeer doch zu jeder Zeit!«

Kartoffelschnaps vom Vater des Pfälzer Ackerbaus

Als »Vater des Pfälzer Ackerbaus« hat man David Möllinger (1709–1787) tituliert, der in Gronau (im heutigen
Rhein-Pfalz-Kreis) einen Bauernhof bewirtschaftete
und später in Monsheim (im Landkreis Alzey-Worms)
ein großes Anwesen erwarb. Möllinger führte auf seinen Besitzungen zahlreiche landwirtschaftliche Neue-
rungen ein – so etwa die Düngung mit Kalk und auch
Jauche. In meinem Büchlein findet Möllinger deshalb
Erwähnung, weil er auf seinem Anwesen, das auch
eine Brennerei enthielt, im Jahre 1750 zum ersten Mal überhaupt Kartoffel-
schnaps hergestellt haben soll. Schnaps aus Grumbeere – Prost!

Friedrich der Große und die Kartoffel

Die Pfälzer Bauern, die sich um das Jahr 1720 in der preußischen Provinz
Brandenburg niederließen, begannen in ihrer neuen Heimat mit der Anpflan-

zung der Kartoffel. Es gab jedoch Widerstände. Viele Bauern, die nie etwas anderes als Cerealien und Hülsenfrüchte angebaut hatten, waren mit der fremdländischen Frucht unzureichend vertraut. Manche verdarben sich gar den Bauch, weil sie statt der Knollen die giftigen Beeren verzehrten. So bedurfte es königlicher Hilfe, um den Landwirten Preußens, die von häufigen

Ernteausfällen geplagt waren, die Kartoffel schmackhaft zu machen. Diese Hilfe kam von dem berühmten Preußenkönig Friedrich II. (1712–1786).

Nach dessen Krönung im Jahr 1740 war die Ernte wieder einmal schlecht ausgefallen. Die Getreidepreise waren explodiert und sein Volk wurde von einer schlimmen Hungersnot getroffen. Er ließ daraufhin kurzerhand die Magazine öffnen und Getreide an das Volk verteilen. Doch damit nicht genug: Der König ließ den Anbau der Kartoffel vorantreiben, denn er sah den großen Vorteil, den diese robuste Knolle gegenüber dem Getreideanbau bot. Sie sollte in der Zukunft bei Ernteausfällen dazu beitragen, Hungersnöte zu vermeiden. Um die Vorurteile gegenüber der Kartoffel zu überwinden, wandte er einen besonderen psychologischen Trick an: Er ließ königliche Kartoffelfelder von Soldaten bewachen, als enthielten sie etwas besonders Kostbares. Das weckte Neugier und Interesse an der »königlichen« Knolle.

Berühmt ist Friedrichs »Circular-Ordre« vom 24. März 1756, die an alle Land- und Steuerräte, Magistrate und Beamte erging:

»Es ist Uns in höchster Person und Unseren und anderen Provintzien die Anpflanzung der sogenannten Tartoffeln, als ein nützliches und so wohl für Menschen, als Vieh auf sehr vielfache Art dienliches Erd Gewächse ernstlich anbefohlen. ... Übrigens müßt ihr es beym bloßen Bekanntwerden der Instruction nicht bewenden, sondern durch die Land-Dragoner und andere Creißbediente Anfang May revidieren lassen, ob auch Fleiß bey der Anpflanzung gebraucht worden...«

Friedrichs Bild in der Geschichte ist so eng mit der Einführung der Kartoffel verknüpft, dass es sogar ein Gemälde gibt, das den König bei der Begutachtung von Kartoffeln zeigt. Das Gemälde wurde 1886 von Robert Müller geschaffen. Es stellt den alten Fritz schon mit gebeugtem Rücken dar, wie er seiner Kutsche entstiegen ist, um sich am Rand eines Feldes von der Landbevölkerung die erfolgreich angebauten Kartoffeln zeigen zu lassen. Dieses Gemälde ist heute in der Dauerausstellung des Deutschen Historischen Museums in Berlin zu bewundern.

Grumbeer in der Métro

Wer in Paris in der »Métro« mit der Linie 3 fährt und an der Station »Parmentier« aussteigt, findet dort eine Statue, die sehr an Müllers Gemälde von Friedrich dem Großen erinnert. Darauf ist ein gut gekleideter Herr zu sehen, der ganz offensichtlich der Oberschicht angehört. Er reicht einem sich ängstlich krümmenden Bauern eine Kartoffel – eine Grumbeer also. Der auf diesem Standbild dargestellte Herr ist niemand anderes als Monsieur Antoine Augustin Parmentier (1737–1813), der für die Verbreitung der Kartoffel in Frankreich dieselbe Bedeutung hatte wie König Friedrich der Große in Preußen. Wer übrigens von der Métro-Station auf die Straße, die Avenue Parmentier, tritt, findet diesen Sachverhalt auch auf einem Straßenschild verewigt: »Avenue Parmentier. Agronome. 1737–1813. Introduisit en France la culture de la pomme de terre« – »Agronom. Führte in Frankreich die Kultur der Kartoffel ein«.

Die Kartoffel lernte Parmentier in Deutschland kennen, wo der gelernte Pharmazeut während des Siebenjährigen Krieges (1756–1763) in Kriegsgefangenschaft geriet. Er erkannte sofort die Vorzüge der Inka-Knolle und die Bedeutung, die sie bei der Vermeidung von Ernteausfällen und Hungersnöten haben könnte. Allerdings hatte er mit ganz erheblichen Vorurteilen in seinem Heimatland zu kämpfen, gar nicht ungleich denen, die auch Friedrich II. zu überwinden hatte. 1748 hatte das französische Parlament den Anbau der Kartoffel sogar gesetzlich verboten! Parmentier, ganz der französische Intellektuelle und Wissenschaftler, bemühte sich, diese Vorurteile zu zerstreuen. 1771 verfasste er eine Preisschrift, die von der Akademie der Wissenschaften in

Besançon gekrönt wurde. Darin wies er die Bedeutung der Kartoffel für die menschliche Ernährung anhand der Tatsache nach, dass sie reich an Kohlenhydraten ist. Nach intensiver Diskussion erklärte die Medizinische Fakultät Paris 1772 dann feierlich, dass der Verzehr der Kartoffel ungefährlich sei. Doch als auch das nicht ausreichte, um die Widerstände zu brechen, beschloss Parmentier, bei festlichen Essen mit Persönlichkeiten wie Benjamin Franklin oder Antoine Lavoisier Kartoffeln servieren zu lassen. 1778 veröffentlichte er eine chemische Analyse der Kartoffel: »Examen chimique de la pomme de terre«. Wie Friedrich der Große ließ er die Knolle anbauen, um die Bevölkerung von ihren Vorzügen zu überzeugen. Geschichten zufolge gelang es ihm, ebenso wie Friedrich dem Großen, das Interesse an der Kartoffel durch strenge Bewachung der Anbaufelder zu steigern.

Parmentier machte im späteren Leben eine brillante Karriere, die ihn zum Generalinspekteur des Gesundheitsdienstes aufsteigen ließ (1796–1813), eine Funktion, in der er weitere hohe Verdienste erwarb.

Es gibt eine ganze Reihe Kartoffelgerichte, die nach Parmentier benannt sind, wie etwa die œufs Parmentier (Eier nach Parmentier), cubes Parmentier (Bratkartoffeln, gewürfelt und roh gebraten), crêpe Parmentier (Kartoffel-Pfannkuchen), potage Parmentier (Kartoffelsuppe) und gratin Parmentier (Kartoffelauflauf).

Einige Zahlen und Daten zur Kartoffel

Allein in Deutschland sind etwa 210 Kartoffelsorten zugelassen. Weltweit sind es mehr als 4000. Sie sind eingeteilt in festkochende, überwiegend festkochende und mehligkochende Sorten. Von der in Deutschland als beliebteste Kulturpflanze geltenden Feldfrucht werden allein in unserem Land mehr als zehn Millionen Tonnen jährlich geerntet. Im Durchschnitt isst jeder Deutsche pro Jahr 50 Kilogramm Kartoffeln.

Die Kartoffel besteht zwar zu 77% aus Wasser, doch der Rest der Inhaltsstoffe, vor allem die Stärke, macht sie so nahrhaft. Hinzu kommen die Vitamine C, B$_1$ und B$_2$. Das sind mehr Vitamine, als in einem vermeintlich so gesunden Apfel zu finden sind; Außerdem enthalten sind Magnesium, Kalium und Kalzium. In 100 g Kartoffeln stecken nur 70 Kalorien.

Von festkochend bis mehlig – welche Kartoffel taugt für welches Gericht?

Nicht jede Speisekartoffel ist für jedes Gericht geeignet. Die drei Kochtypen, in die sie eingeteilt sind, unterscheiden sich im Wesentlichen durch ihren Stärkeanteil.

Die festkochenden Kartoffeln, die auch als Salatkartoffeln bezeichnet werden, haben festes, kerniges Fleisch. Diese länglich-ovale Frucht, die während des 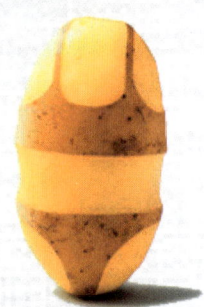 Kochvorganges nicht aufspringt und ihre feste Struktur behält, hat einen niedrigen Stärkegehalt. Sie ist für alle Gerichte geeignet, bei denen feine Scheiben benötigt werden: Gratins, Reibepfannkuchen ebenso wie Kartoffelsalat und Bratkartoffeln. Um nur einige Sorten zu nennen: Pellissimo, Erstling, Nicola, Sieglinde, Linda, Drillinge, La Ratte und Vitelotte.

Die vorwiegend festkochenden Kartoffeln, die beim Garen etwas aufspringen, sind nach dem Kochen mittelfest bis mehlig. Da sie der Gabel kaum Wiederstand bieten, sind sie als Beilage bestens geeignet. Man serviert sie zu allen Gerichten mit Saucen und verwendet sie für Eintöpfe, Bratkartoffeln und verschiedene Salate. Zu den Sorten gehören etwa Clivia, Désirée, Gloria, Granola, Grata, Hansa und Saskia.

Die mehligkochenden Kartoffeln zeichnen sich durch den hohen Gehalt an ausgereifter Stärke aus. Sie gehören in den überwiegenden Fällen zu den spätreifenden Sorten. Sie springen beim Kochen stark auf und sind trocken, grobkörnig und mehlig. Gut verwenden kann man sie für Klöße, Pürees, sämige Suppen und Eintöpfe sowie alle Kartoffelteige. Besonders gut lassen sie sich in Alufolie als Backkartoffeln zubereiten. Zu den mehligkochenden Sorten gehören Bintje, Hela, Irmgard, Candella, Quadriga, Avano, Eurostar und Turdus.

Zu bemerken ist noch, dass Biobauern und kleinere landwirtschaftliche Betriebe erfreulicherweise begonnen haben, wieder ältere Sorten anzupflanzen. So findet man mit etwas Glück bei einer Landtour ungeahnte Kartoffelschätze. Ich fand kürzlich zu meiner Freude auf einem kleinen Gehöft Trüffelkartoffeln. Diese sehr alte Sorte ist unter verschiedenen Namen bekannt: Violette, Négresse, Truffe de Chine, blaue französische Trüffelkartoffeln. Die seltene und edle blau-violette Urkartoffel stammt ursprünglich aus Peru und Bolivien, der Heimat unserer europäischen Kartoffeln. Dort wird sie auch heute noch angebaut.

Lagerung

Für eine optimale Lagerung sollten Kartoffeln ungewaschen, also noch mit etwas Erde behaftet sein. Der Lagerplatz muss trocken und dunkel sein, denn Licht fördert die Bildung des giftigen Solanins. Sichtbar macht es sich durch grüne Stellen, die auf jeden Fall vor der Verwendung weggeschnitten werden sollten. Die Lagertemperatur liegt idealerweise zwischen 4 und 8° C. Frost muss auf jeden Fall vermieden werden.

Rezepte

Cubes Parmentiers

Zutaten:

1 kg festkochende Kartoffeln

3 Knoblauchzehen

2 Zweige Thymian

3 EL Sonnenblumenöl

2 EL Butter und etwas Salz

Wählen Sie möglichst gleich große Kartoffeln, so werden auch die Würfel regelmäßiger. Die Kartoffeln schälen, waschen und in 1 cm große Würfel schneiden. Diese in ein Tuch einschlagen und sorgsam trocknen. Das Gemisch aus Öl und Butter in einer großen Pfanne erhitzen und mit den Kartoffelwürfeln und den entpellten, gehackten Knoblauchzehen bei guter Hitze anbraten. Das sollte in 5 Min. geschehen. Die Kruste, die sich am Boden der Pfanne gebildet hat, mit einem Pfannenheber lösen, und den Kartoffelkuchen dann ruckartig mithilfe eines Deckels wenden.

Salz und Thymianblättchen über den Kuchen streuen und noch etwa 10 Min. bedeckt bei geringer Temperatur garen. Danach den Deckel abnehmen und die Unterseite nochmals 8–10 Min. bei lebhaftem Feuer bräunen. Die außen knusprigen und innen noch saftig-zarten Bratgrumbeere heiß auftragen.

Eier Parmentier

Zutaten:

2 große, längliche, festkochende Kartoffeln

4 Eier

100 g Crème fraîche

40 g Butter

4 TL Sahne

Salz und Pfeffer

Die Kartoffeln mit der Schale in Salzwasser kochen. Wenn sie gar sind, gießt man das Wasser ab, übersprüht sie kurz mit kaltem Wasser und lässt sie, ehe man sie der Länge nach halbiert, noch ein wenig auskühlen. Die Hälften vorsichtig aushöhlen, ohne die gewünschte, etwa ½ cm dicke Wand zu beschädigen. Die Kartoffelmasse mit Crème fraîche und Butter sowie den Gewürzen mithilfe einer Gabel vermischen. Es soll kein Püree daraus werden, sondern ein mit der Gabel zerkleinertes Mus. Von dieser Mixtur wird in jede Kartoffelhälfte etwas eingefüllt und eine Kuhle hineingedrückt. In die Kuhle dann jeweils 1 Ei gießen und um jeden Dotter ein Löffelchen Sahne verteilen. Im Backofen bei 180–200° C Umluft kurz überbacken und darauf achten, dass die Eigelbe nicht fest werden.

Gequellte Kartoffeln nach Anna Bergner

Das »Pfälzer Kochbuch« von Anna Bergner (1802–1882) ist ein echter Klassiker der deutschen Kochliteratur. Es erschien erstmals 1858 im Verlag von Tobias Löffler in Mannheim, ist jedoch auch als Nachdruck erhältlich. Anna Bergner war Wirtin des Gasthauses »Vier Jahreszeiten« in Bad Dürkheim und eine begnadete Köchin. Ihr legendärer Ruf reichte weit ins Land hinein und zog nicht nur Einheimische und Kurgäste, sondern auch Reisende wie James Fenimore Cooper oder gar den bayerischen König Ludwig I. an. Um die Kochkunst der »schönen Anna« – denn so wurde Anna Bergner genannt – zu genießen, kamen die Begeisterten von weit her. Ihr Kochbuch umfasst 1002 Rezepte, die mit Liebe zum Detail und großer Sorgfalt aufgeschrieben sind. Für dieses Büchlein habe ich Anna Bergners Rezept Nummer 189 ausgewählt, eine einfache Zubereitungsart für Kartoffeln als Beilage.

Gequellte Kartoffeln (à la robe de chambre)

Man lasse in einem eisernen Hafen 1 Schoppen* Wasser kochen, lege die Kartoffeln, nachdem sie zweimal ganz rein gewaschen sind, aufeinander hinein nebst einer Hand voll Salz, decke sie ganz fest zu und nimm nicht eher den Deckel weg, bis man denkt, daß sie gar sein könnten. Sollten sie etwas angebrannt riechen, so hat es nichts zu sagen. Ziehe sie schell vom Feuer weg, hebe den Deckel ab, damit sie im Augenblick dem Dampf entzogen werden, und richte sie schnell an. Auf solche Kartoffeln muß man warten, dann sind sie am besten.

* 1 Schoppen = ½ Liter

Kartoffelkuchen mit Äpfeln nach Emma Wundt

Neben Anna Bergners »Pfälzer Kochbuch« erfreute sich im 20. Jahrhundert in der Pfalz wie in Baden noch ein weiteres Kochbuch großer Beliebtheit und weiter Verbreitung: Emma Wundts »Badisches Kochbuch«. Dieses erschien erstmals 1911 auf Anregung der damaligen Großherzogin Luise von Baden (1838–1923), der Gründerin des Badischen Frauenvereins. Emma Wundt war Leiterin der Koch- und Haushaltungsschule dieses Vereins, der in der Herrenstraße 39 in Karlsruhe ansässig war. Fräulein Wundts Kochbuch wurde wiederholt von zwei ihrer Schulkolleginnen überarbeitet und erfuhr über eine Zeitspanne von mehr als fünfzig Jahren zahlreiche Neuauflagen. Insgesamt wurden 430.000 Exemplare gedruckt. Als 1915 der Erste Weltkrieg gerade ausgebrochen war, brachte Fräulein Wundt es gekürzt als »Badisches Kriegskochbüchlein« heraus. Später erschien es als »Koch- und Haushaltungsbuch mit Nahrungsmittellehre und einem Anhang für Haushaltungskunde, Kinderpflege, Diät- und Krankenkost« – so der Titel der 25. Jubiläums-Auflage, die 1962 bei Berthold Dobler in Karlsruhe herauskam. Dabei handelte es sich gar nicht mehr um ein reines Kochbuch, sondern um ein Haushaltsnachschlagewerk mit Hinweisen zu allem, was man so über den Haushalt wissen sollte: vom Tischdecken über das Bettenmachen bis zur Bekämpfung von Ungeziefer.

Emma Wundts Rezepte sind damals wie heute hervorragend. Ein etwas Ungewöhnliches ist die Nummer 1325 unter den 1849 Rezepten der Jubiläumsausgabe – Kartoffelkuchen mit Äpfeln, hier im Original:

> Zutaten: 500 g am Tag zuvor gekochte Kartoffeln ☕ 100 g Butter oder Margarine ☕ 750 g Äpfel ☕ 4 Eier ☕ 200 g Zucker ☕ Saft und abgeriebene Schale einer Zitrone ☕ 20 g Kartoffelmehl

Die geschälten, geriebenen Kartoffeln werden in die kochende Butter gegeben und darin gedämpft, bis die Masse sich zu einem Kloß zusammenballt. Hierauf schneidet man die geschälten Äpfel in feine Blättchen, rührt Zucker und Eigelb schaumig, gibt nach und nach die Kartoffelmasse, Äpfel, Zitrone und Kartoffelmehl dazu und zieht zuletzt den steifen Eischnee darunter. Der Teig wird in eine Tortenform gefüllt (Durchmesser 28 cm) und in guter Hitze ¾ Stunden gebacken. Der Kuchen wird mit Zucker bestreut und lauwarm aufgetragen.

Hinweis: »In guter Hitze« heißt in diesem Fall bei ca. 180–200° C Umluft backen.

Backesgrumbeere (Backkartoffeln)

Zu den vorzüglichsten Pfälzer Kartoffelgerichten gehören »Backes-grumbeere«. Wie der Name schon besagt, kommen sie nicht einfach nur in die Pfanne, sondern werden im Backofen gegart. Wer die Pfalz und die Pfälzer Sprache bereits kennengelernt hat, dem ist sicher auch schon aufgefallen, dass man in der Pfalz den Endplural einfach weglässt: Man sagt also nicht »Grumbeeren«, sondern »Grumbeere«.

Zutaten:

2 kg vorwiegend festkochende Kartoffeln

500 g durchwachsener, milder, geräucherter Bauchspeck

3 mittelgroße Zwiebeln

1 EL Schmalz oder Butter zum Ausstreichen der Form

Salz, Pfeffer, Majoran

1 Tasse Brühe (kann von einem Fleischwürfel sein)

150 g Sauerrahm oder Crème fraîche

Die Kartoffeln schälen, kurz abbrausen und in dünne Scheiben schneiden. Die Zwiebeln schälen, fein würfeln und den Speck in mundgerechte Stücke teilen. In eine mit dem Schmalz oder Butter ausge-strichene, ofenfeste Form eine Lage Kartoffeln schichten, mit Salz, Pfeffer und Majoran bestreuen und darauf Zwiebeln und Speck legen. Mit den restlichen Kartoffeln bedecken, wiederum würzen, die Brühe darüber gießen, die Form dicht verschließen und bei 160° C Umluft ba-cken lassen. In der Zwischenzeit den Rahm gründlich mit ein wenig Wasser verquirlen und beiseite stellen. Die Kartoffeln aus dem Ofen nehmen, mit dem Rahm übergießen und nochmals für 20 Min. backen, diesmal jedoch ohne Deckel, damit die Oberseite schön braun wird.

Braune Grumbeere

Ein ganz typisches Pfälzer Gericht sind die Braunen Kartoffeln. Sie spiegeln einmal mehr die Vorliebe der Pfälzer, nicht nur für ihre geliebten »Grumbeere«, sondern auch für das Pikant-Säuerliche wider. Und was der Pfälzer gerne dazu isst? Leber- oder Griebenwurst mit viel knusprig gebratenen Zwiebelringen.

Zutaten:

2 kg festkochende Kartoffeln

2–3 EL Schmalz

2 EL Mehl

2 Lorbeerblätter

2 EL Essig
(z. B. Rotweinessig)

Salz, Pfeffer und
Fleischbrühe nach Bedarf

Die Kartoffeln waschen, schälen und in knapp 1 cm dicke Scheiben schneiden. In einem Sieb kurz unter fließendem Wasser abspülen und in einen Topf mit leicht gesalzenem Wasser füllen. Sie sollten ca. eine Fingerbreite mit Wasser bedeckt sein. Die Kartoffeln nun 15–20 Min. kochen, sodass sie noch bissfest sind. Das Kochwasser abgießen und den Topf etwas schwenken, sodass die Restfeuchtigkeit auf der noch warmen Herdplatte verdampfen kann. Aus Schmalz und Mehl eine braune Schwitze herstellen, die mit Brühe abgelöscht wird, bis eine dick-sämige Sauce daraus geworden ist. Mit einem kräftigen Schuss Essig, Salz und Pfeffer würzen und auch die Lorbeerblätter dazulegen. In diese Sauce die vorbereiteten Kartoffelscheiben legen, behutsam aber gründlich durchmischen und noch eine kleine Weile bei ganz geringer Temperatur durchziehen lassen.

Grumbeer-Pannekuche

Reibekuchen, Kartoffelpuffer, Rievkoche (wie man in Köln sagt) und Reibeplätzchen – das sind nur einige der üblichen Bezeichnungen für Kartoffelpfannkuchen, die bei den Pfälzern liebevoll als »Grumbeer-Pannekuche« bezeichnet werden. Gern werden sie zur Grumbeersupp serviert, aber auch Apfelmus ist dazu sehr beliebt. Jeder also nach seinem Geschmack, mal herzhaft oder auch mal süß.

Für den Teig sollten jedoch auf jeden Fall festkochende Grumbeere verwendet werden, denn die mehligen Sorten saugen das Fett stark auf und werden daher nicht kross, sondern eher matschig.

Zutaten:

1½ kg festkochende Kartoffeln

1 Ei

1 Zwiebel

1 Bund Schnittlauch

1–2 EL Haferflocken

Salz, Pfeffer

1 Prise Muskatnuss

Öl oder Butterschmalz zum Ausbacken

Zunächst die Kartoffeln schälen, reiben, in ein Sieb geben und 5 Min. abtropfen lassen. Die Zwiebel pellen und ebenfalls fein reiben. Den Schnittlauch in kleine Röllchen schneiden. Die abgetropften Kartoffeln mit Ei, Zwiebel, Schnittlauch, Gewürzen und den Haferflocken vermischen. Das Fett in einer gusseisernen Pfanne erhitzen, bis es sehr heiß ist. Aus dem Kartoffelteig handtellergroße Kuchen formen und diese von beiden Seiten im Fett braten, bis sie knusprig und braun sind. Am besten schmecken die Grumbeer-Pannekuche, wenn sie noch heiß serviert werden. Sie sollten vorher jedoch auf einem Küchentuch abtropfen, um das überschüssige Fett aufzufangen. Die Kartoffeln müssen nicht fein, sondern können auch grob gerieben werden. Dann verlängert sich die Backzeit, da die groben Streifen längere Zeit benötigen, um zu garen.

Pfälzer Grumbeersupp

Kartoffelsuppe ist in vielen Teilen Deutschlands beliebt, so auch in Köln oder Westfalen. Die Pfälzer Grumbeersupp unterscheidet sich von anderen Kartoffelsuppen dadurch, dass allerlei Gemüse und ein üppiger Schuss Sahne hineingehören, wie das folgende Rezept deutlich zeigt.

Zutaten: 1 kg vorwiegend festkochende Kartoffeln ☕ 1 l Fleischbrühe ☕ 4 Blätter vom Selleriegrün ☕ 1 Möhre ☕ 1 nicht zu große Lauchstange ☕ 1 Zwiebel ☕ 75 g geräucherter, magerer Speck ☕ ½ Bund Petersilie ☕ frische Majoranblätter ☕ Salz und schwarzer Pfeffer ☕ 1 Becher Sahne ☕ 2 geräucherte Mettwürste

Das Gemüse waschen, trocken tupfen und (bis auf den Lauch, der in Scheiben geschnitten wird) in kleine Würfel schneiden, ebenso den Speck. In einem Suppentopf zuerst die Speckstückchen bei mittlerer Temperatur auslassen, dann die Zwiebeln zugeben und glasig dünsten. Schließlich auch das vorbereitete Gemüse unter Schwenken des Topfes anbraten. Mit der Brühe aufgießen, zum Kochen bringen und bedeckt bei geringer Hitze etwa 25–30 Min. garen. Indessen zwei oder drei Petersilienstängel und einige Majoranblätter mit der Küchenschere in Streifen schneiden und nach halber Kochzeit in den Suppentopf streuen. Die Würste werden als Letztes zugegeben und sollen in der Suppe 10 Min. gar ziehen. Anschließend fischt man sie aus dem Topf, lässt sie leicht abkühlen und schneidet sie dann in Scheiben, um sie gleich zurück in die Suppe plumpsen zu lassen. Nun noch die Sahne zugießen, mit Salz und Pfeffer abschmecken und eventuell noch weiteren Majoran zugeben, denn den darf man durchaus ein wenig herausschmecken.

Für alle, die eine fleischlose Grumbeersupp bevorzugen: Nehmen Sie außer den Gemüsen, die auf der Zutatenliste angegeben sind, einige Spinatblätter (egal ob frisch oder tiefgekühlt) und saure Sahne oder Frischcrème. Die sogenannte »Green Grumbeersupp« ist eine vegetarische Variante der beliebten Pfälzer Grumbeersupp.

Kunschthäwelfleesch

Mit dem eigenartigen Namen dieses Pfälzer Gerichtes hat es folgende Bewandtnis: »Kunst-Topffleisch« hat mit Kunst, im üblichen Sinne des Wortes, nichts zu tun. Die Bezeichnung bezieht sich vielmehr auf das künstlich hergestellte Kochgefäß aus Pergamentpapier. Das Fleisch wird in Pergament eingeschlagen, dadurch kann es gemeinsam mit den Kartoffeln im Topf gegart werden, ohne dass aus den verschiedenen Zutaten ein Eintopf entsteht. Heute verwendet die moderne Pfälzerin oder der moderne Pfälzer einen Bratschlauch.

Zutaten:

2 kg festkochende Kartoffeln

1 kg magerer, mild geräucherter Bauchspeck mit Schwarte

1 große Zwiebel

2 Lorbeerblätter

2 oder 3 Nelken

½ l trockener Riesling

Die Kartoffeln unter fließendem Wasser mit einer Bürste sauber schrubben. Die Schwarte des Schweinebauchs in Abständen von 2 cm fingertief einschneiden und in die Spalten abwechselnd Zwiebelscheiben, Stücke der Lorbeerblätter und die Nelken stecken. Das so vorbereitete Fleisch in den Bratschlauch legen, den Wein zugießen und den Schlauch dann fest verschließen, damit der Speck darin garen kann. Die Kartoffeln in einen Topf mit so viel Wasser legen, dass sie mit einem fingerbreit Wasser bedeckt sind. Das Kunschthäwel mit Speck und Wein ebenfalls zugeben. Der Topf verbleibt nun fest verschlossen 2–2 ½ Stunden bei geringer Temperatur auf dem Herd (bis die hungrigen Esser zu Tisch kommen). Das Fleisch aus der Folie nehmen, dabei den Weinsud auffangen, in Scheiben schneiden und Speck, Kartoffeln und Sud auftragen.

Pfälzer Speck-Grumbeere-Salat

Einen so guten Grumbeersalat werden Sie nirgendwo sonst serviert bekommen. Bedingt durch das Übergießen mit Brühe, die dann durchziehen soll, ist der Salat weniger sauer als der übliche Kartoffelsalat, in keiner Weise trocken und sehr würzig. Besonders gut passt dazu ein trockener Riesling!

Zutaten:

1 kg Salatkartoffeln

200 g durchwachsener, geräucherter Speck

1 große Zwiebel

½ l Brühe (kann von einem Fleischbrühwürfel sein)

1–2 EL Essig
(z. B. Rotweinessig)

Salz und Pfeffer

Die Kartoffeln in der Schale kochen, abpellen und noch warm in feine Scheiben schneiden. Mit der heißen Brühe übergießen und mindestens ½ Stunde durchziehen lassen. Speck und Zwiebel in kleine Würfel schneiden. Zuerst den Speck knusprig rösten, herausnehmen, dann die Zwiebelstückchen im gleichen Fett weich und goldgelb werden lassen. Nebst dem Essig und den Gewürzen zu den Kartoffeln geben, durchmischen und auftragen.

Rahmgrumbeere

Dieses Pfälzer Gericht, die Rahmgrumbeere, wird gern als Ergänzung zum samstäglichen Suppenfleisch serviert. Wenn das Fleisch durch zu langes Kochen etwas trocken geraten ist, sind die sahnigen Kartoffeln der richtige Ausgleich.

Zutaten:

2 kg festkochende Kartoffeln

100 g Butter

3 EL Mehl

¼ l Brühe (kann von einem Fleischbrühwürfel sein)

200 g Sahne

Petersilie, Salz und Pfeffer – vorzugsweise frisch gemahlen

Die Kartoffeln schälen, in kräftige Scheiben schneiden und in wenig Salzwasser nicht zu weich kochen. Währenddessen aus Butter, Mehl und Brühe unter ständigem Rühren eine dickliche Sauce bereiten. Bei niedriger Hitze 10 Min. ganz sanft kochen lassen, die Sahne einrühren und mit Salz und Pfeffer würzen. Über die Kartoffeln gießen, alles gut durchmischen und mit Petersilie überstreut servieren.

Saumagengrumbeere

Saumagenkartoffeln dienen der Pfälzerin als Ersatz für den doch recht aufwendig herzustellenden Saumagen. Eine findige Pfälzerin hat sie – so sagt man – erfunden, um den hungrigen Hausmann über das Fehlen des erwarteten Saumagens hinwegzutrösten. Leider gibt es keine Quelle, die uns berichtet, ob dieser denn wohl mit der angebotenen Ersatz-Verköstigung zufrieden war.

Zutaten:

2 kg vorwiegend festkochende Kartoffeln

200 g frischen Schweinebauch

350 g nicht zu mageren Schweinebraten

½ l Rinderbrühe

1 große Zwiebel

Salz, Pfeffer

Butterschmalz zum Anbraten

Die geschälten Kartoffeln, Schweinebauch und -braten in kleinere, etwa gleich große Würfel schneiden. Die Zwiebel schälen und fein würfeln. Diese Zutaten mit Salz und Pfeffer würzen und gut durchmischen. Das Butterschmalz in einem ausreichend großen Topf erwärmen, die Fleisch-Kartoffel-Mixtur zugeben und mit der Brühe auffüllen. Das Gericht 40–45 Min. garen. Falls zu viel Flüssigkeit im Topf verbleibt, die Mischung ohne Deckel behutsam einkochen lassen.

In der Pfalz serviert man dazu gern mit viel Knoblauch gewürzten Endiviensalat.

Grumbeerwaffeln

Das folgende traditionelle Rezept der Grumbeerwaffeln stammt aus dem Sickinger Land um die Stadt Landstuhl. Noch heute werden dort Waffeln nach diesem Rezept gebacken.

Zutaten:

300 g Mehl

20 g Hefe

¼ l lauwarme Milch

1 kg vorwiegend festkochende, geriebene Kartoffeln

2 Stangen Lauch (in Scheiben geschnitten)

3 Eier

Pfeffer, Salz, Muskat

250 g gewürfeltes Dörrfleisch

Mehl, Hefe und Milch in einer Schüssel zu einem Teig verarbeiten und an einem warmen Ort mindestens 30 Min. gehen lassen, bis er sich deutlich vergrößert hat. Die geriebenen Kartoffeln, Lauch, Eier und Gewürze mischen und unter den aufgegangenen Hefeteig heben. Je Waffel 1 EL Dörrfleisch auf dem Waffeleisen verteilen, kurz anbraten, den Teig darüber gießen und braun backen.

Tipp: Ein Klecks Crème fraîche, mit oder ohne Kräuter, macht die Waffeln zu einer köstlichen Mahlzeit.

Schales

Bei »Schales« handelt es sich um ein ursprünglich jüdisches Gericht, das freitags zubereitet und am Sabbat – Freitagabend nach Sonnenuntergang oder Samstagmittag –, an dem kein Jude arbeiten darf, serviert wird. In der jüdischen Küche »Kugel« oder »Kigel« genannt, ist dieser Kartoffelauflauf von den Pfälzern übernommen worden. Heinrich Heine, der ja bekanntlich aus einer jüdischen Familie stammte, schätzte das Gericht so sehr, dass er es sogar in einem Brief erwähnte und als »heiliges Nationalgericht« der Juden bezeichnete.

Die Speckstücke sind freilich nicht im ursprünglichen jüdischen Auflauf enthalten! Diese sind eine typisch pfälzische Ergänzung.

Zutaten:

1½ kg vorwiegend festkochende Kartoffeln

3 Stangen Lauch

225 g magerer, durchwachsener Speck

1 Tasse Rinder- oder Gemüsebrühe

2 Eier

Salz und Pfeffer

Butter zum Ausstreichen der Auflaufform

Die Kartoffeln schälen und in grobe Scheiben reiben. Den Lauch waschen und die weißen Teile sowie ein wenig vom Grünen in feine Ringe schneiden. Das Dörrfleisch in kleine Würfel teilen – auch vorbereitete Würfel sind okay. Diese drei Zutaten werden nun vermischt und in die vorbereitete Auflaufform gefüllt. Eier, Brühe und Gewürze verquirlen, darüber gießen und im vorgeheizten Backofen 1 ½ Stunden bei 180–200° C Umluft garen. Dieser Auflauf ist auch ohne eine Speckzugabe sehr lecker. Die Pfälzer mögen dazu Wingertsalat (Feldsalat) und einen kräftigen Weißwein.

Schneebällcher

Kartoffelklöße gibt es allerorts, Schneebällchen hingegen findet man nur in der Pfalz. Ihre zarte Konsistenz ist durch nichts zu übertreffen und erinnert an frisch gefallenen Schnee. Für Pfälzer sind sie die Krone aller Gerichte, die aus Kartoffeln gemacht werden können. Eine Anekdote liegt auch gleich bereit. Ein Gast soll mit verbundenen Augen eine Kostprobe genommen haben, und man hörte ihn, plötzlich Hochdeutsch sprechend, den Ausspruch sagen: »Der Geschmack, so zart und fein, kann nur von Pfälzer Schneebällchen sein.«

Zutaten:

800 g festkochende Kartoffeln

150 g Mehl

3 Eier

1 EL Butter

½ Tasse feingehackte Petersilie

Salz und Pfeffer

Die Kartoffeln am Vortag in der Schale kochen, nachdem sie etwas abgekühlt sind, pellen und in einer bedeckten Schüssel bis zur Verwendung aufbewahren.

Erst am folgenden Tag werden sie durch die Kartoffelpresse gedrückt. Die Butter in einer kleinen Pfanne schmelzen, die Petersilie darin dünsten und zu den Kartoffeln mischen. Die Eier eines nach dem anderen mit einem Holzlöffel einrühren, das Mehl und die Gewürze dazugeben. Aus dieser Mixtur mit feuchten Händen die Bällchen formen. Mit Hilfe eines Löffels in einen Topf mit kochendem, gesalzenem Wasser gleiten lassen und 15 Min. in siedendem Wasser ziehen lassen. Gut abgetropft als Beilage zu Braten oder Gulasch servieren. Ein Pfälzer Wein schmeckt freilich immer dazu.

Schneebällcher mit Woischaumsoß

Zutaten für die Schneebällcher: 1 kg mehligkochende Kartoffeln ☕ 100 g Butter ☕ 3 große Eier ☕ 100–125 g Hartweizengrieß ☕ Salz ☕ Zucker

Für die Weinsauce: ½ l lieblicher Weißwein ☕ ¼ l Wasser ☕ 2 Eier ☕ die abgeriebene Schale einer Biozitrone ☕ 3 EL Zucker ☕ 1–2 TL Speisestärke

Die Kartoffeln am Vortag mit der Schale gar kochen, mit kaltem Wasser abschrecken und pellen. Am folgenden Tag durch die Kartoffelpresse drücken und in einer Schüssel weiterverarbeiten. Die weiche, nicht flüssige Butter unter die Kartoffelmasse mischen und abwechselnd Eier und Grieß zugeben. Mit Salz und 1 TL Zucker würzen. Es soll ein glatter, fester Teig sein, aus dem sich mit nassen Händen problemlos Klöße formen lassen. Diese kommen zum Garen in einen großen oder zwei ausreichend große Töpfe. Es sollten alle Klöße so viel Platz haben, dass sie frei schwimmen können. Die Garzeit beträgt 15 Min. Es ist hilfreich, einen Probekloß herauszufischen und zu teilen, um ihn zu testen.

Für die Weinsauce Wein, Wasser, Zucker und Zitronenschale in einem Topf erwärmen. Von der Flüssigkeit 3 EL wegnehmen und Speisestärke darin anrühren. Die Weinmixtur zum Kochen bringen und die Stärke unter fleißigem Quirlen einrühren. Die Masse 1–2 Min. leise kochen lassen. Danach den Topf von der Kochstelle nehmen. Die Eiweiße zu steifem Schnee schlagen und beiseite stellen. Die Eigelbe mit ein wenig von der heißen Masse vermischen und zur Sauce geben. Unter kräftigem Quirlen 5 Min. erhitzen, nicht kochen. Die schaumige Sauce nun vom Herd nehmen und den Eischnee locker unterziehen.

Ein wenig Sauce über die Bällcher geben, den Rest getrennt servieren.

Natürlich sind auch diese als süße Variante zubereiteten Schneebällchen nur Schneebällchen. Dafür sind sie sehr fein und noch zarter als die normale und einfachere Variante.

Buwespitzle oder Schupfnudele

Schupfnudeln sind gerollte Nudeln, die auch als Fingernudeln bekannt und mit italienischen Gnocchi vergleichbar sind. Die Pfälzer haben in der ihnen eigenen, deutlichen Sprache »Buwespitzle« oder »Buwespitzelcher« als treffliche Bezeichnung gefunden. Schupfnudeln passen gut zu Sauerkraut und Bratwurst, sind jedoch als Süßspeise mit Apfelkompott oder Zucker und Zimt mindestens ebenso beliebt.

Zutaten: 750 g festkochende Kartoffeln ☕ 1 Ei ☕ Mehl ☕ ½ TL Salz ☕ etwas Butterschmalz zum Anbraten ☕ je 1 Prise Pfeffer und Muskatnuss

Die Kartoffeln am besten am Vortag mit Schale in Salzwasser gar kochen und pellen, während sie noch heiß sind. Vollständig auskühlen lassen.

Die erkalteten Kartoffeln am nächsten Tag entweder fein reiben oder durch die Kartoffelpresse drücken. Mit dem Ei und den Gewürzen vermischen und so viel Mehl zugeben, dass der Teig sich gut verarbeiten lässt. Er sollte nicht an den Händen kleben und sollte sich gut ausrollen lassen. Auf einem bemehlten Brett mit dem Nudelholz etwa 3 cm dick ausrollen, 5–6 cm lange Stücke abschneiden und mit bemehlten Händen die Buwespitzle formen. Sie sollten etwa fingerlang sein und an den Enden spitz auslaufen. Die Buwespitzle in siedendes Salzwasser legen, kurz aufkochen und 10 Min. ziehen lassen. Wenn die Buwespitzle an die Oberfläche steigen, sind sie fertig. Mit einem Schaumlöffel aus dem Wasser fischen, gut abtropfen lassen und zum Abschluss in Butterschmalz rundum schön braun braten.

Zu diesem deftigen Pfälzer Leibgericht ist ein kräftiger Riesling angesagt.

Grumbeerkiechle

Sie könnten diese Küchlein als Resteverwertung betrachten, aber es geht auch anders. Seien Sie, wenn es Püree gibt, nicht zu sparsam mit den Kartoffeln, dann bleibt für die Knusperküchlein gleich noch etwas übrig. Schon allein des zugehörigen Ketchups wegen wird die Familie gern zugreifen.

Zutaten:

400 g Kartoffelpüree

125 g gekochter Schinken

je 50 g fein gehackte Zwiebeln, grüne Paprika und Sellerie

1 TL Worcestersauce

Salz, Pfeffer

Sonnenblumenöl zum Ausbraten

1 EL Öl in einer Pfanne erwärmen und das Gemüse zartdünsten, ohne es zu bräunen. Püree, Gemüse und Schinken in eine Schüssel geben, mit Salz und Pfeffer würzen, die Worcestersauce zufügen und alles gründlich vermischen. In einer Pfanne Öl erhitzen und die Grumbeerkiechle darin portionsweise ausbacken, bis sie schön knusprig sind.

Sofort heiß auftragen und Ketchup nicht vergessen.

Grumbeer-Knepp mit Lewwerworscht

Eine wunderbare Erfindung und noch dazu eine typisch pfälzische. Diese Klöße, die mit Pfälzer Leberwurst gefüllt werden, sind schon etwas sehr Besonderes: Sie sind nicht einfach mit gerösteten Brotstückchen gefüllt und auch nicht mit einer Hackfleischmischung, sondern eben mit Pfälzer Leberwurst. Serviert werden die Klöße auf Sauerkraut und bevorzugt mit weißer Rahmsauce.

Zutaten: 1 kg rohe, vorwiegend festkochende Kartoffeln ♨ 500 g mehligkochende Kartoffeln, am Vortag gekocht ♨ 2 große Eier ♨ 100 g Kartoffelmehl ♨ Salz und Pfälzer Leberwurst für die Füllung

Die rohen Kartoffeln schälen, waschen und auf ein Küchentuch reiben. Ein Sieb über eine kleine Schüssel stellen und das Küchentuch mit den Kartoffeln nun in das Sieb legen, damit das Kartoffelwasser abfließen kann. Am Boden der Schüssel setzt sich das Kartoffelmehl ab. Das Wasser abgießen und das Mehl zu den geriebenen Kartoffeln geben. Die Kartoffeln vom Vortag ebenfalls reiben und zusammen mit den Eiern und dem Salz dazugeben. Alles gründlich durchmischen und eventuell noch mit weiterem Kartoffelmehl binden. Die Leberwurst in Scheiben schneiden und diese zu kleinen Kugeln rollen. Mit feuchten Händen nun Klöße von 5–6 cm Durchmesser formen. In jeden Kloß eine Wurstkugel von etwa 2 cm Durchmesser drücken und sorgfältig mit Teig verschließen. Einen großen Topf mit gesalzenem Wasser aufsetzen. Sobald das Wasser kocht, die Klöße nacheinander mit einem Schaumlöffel ins Wasser gleiten lassen. In leicht siedendem Wasser 15–20 Min. ziehen lassen. Die Klöße sind gar, sobald sie an die Oberfläche steigen, und können nun mit der Schaumkelle herausgefischt werden.

Auf einem Sauerkrautbett mit weißer Rahmsauce servieren.

Sickinger Grumbeer-Knepp

Im Sickinger Land werden die Klöße aus gekochten Kartoffeln bereitet. Es handelt sich bei dieser regionalen Spezialität aber eher um gefüllte Schneebällchen. Zu der herzhaften Füllung, die aus gehacktem Rindfleisch und Pfälzer Leberwurst besteht, passt eine braune Specksauce. So wird das Gericht serviert, und so schmeckt es auch am besten.

Zutaten für die Knepp: 1 kg festkochende Kartoffeln ⛯ 150 g Grieß ⛯ 2 EL Paniermehl ⛯ 50 g Mehl ⛯ 2 mittelgroße Eier ⛯ 2 TL Salz ⛯ Pfeffer

Für die Füllung: 100 g gehacktes Rindfleisch ⛯ 60 g Pfälzer Leberwurst ⛯ die weißen Teile einer kleinen Lauchstange ⛯ 2 EL Öl ⛯ 1 Brötchen (in Würfel geschnitten) ⛯ Salz und Pfeffer

Die Kartoffeln schälen, kochen und noch heiß durch die Presse geben. Alle Kloß-Zutaten zu der Kartoffelmasse geben, vermischen und zu einem Teig verarbeiten. Mit feuchten Händen Klöße von je ca. 100 g formen.

Während die Kartoffeln garen, die Füllung vorbereiten: Den Lauch gründlich waschen und in feine Ringe schneiden. In einer Pfanne das Öl erhitzen, Lauch und Gehacktes darin anbraten und bei geringer Temperatur nur ganz leicht bräunen. Das in Würfel geschnittene Brötchen und die Leberwurst kurz mitdünsten und mit Salz und Pfeffer abschmecken. Die Füllung vor der Weiterverarbeitung erkalten lassen. In jeden Kloß eine Mulde drücken, jeweils eine kleine Menge der Mixtur hineingeben und den Kloß wieder gut verschließen. Die Klöße in einem großen Topf mit siedendem Salzwasser 20 Min. ziehen lassen. Sie kommen an die Oberfläche, sobald sie gar sind. Mit einem Schaumlöffel aus dem Wasser fischen und heiß mit Specksauce auftischen.

Zutaten für die Specksauce: 4 große Zwiebeln ⛯ 100 g durchwachsener, geräucherter Speck ⛯ 2 EL Mehl ⛯ 1–2 EL Essig (z. B. Rotweinessig) ⛯ ¼ l Brühe (kann von einem Fleischbrühwürfel sein) ⛯ Salz und weißer Pfeffer

Den Speck in kleine Würfel schneiden und unter fleißigem Rühren in der Pfanne langsam anbraten. Die geschälten, ebenfalls klein gewürfelten Zwiebeln zum Speck in die Pfanne geben und bei nicht zu großer Hitze bräunen. Darüber nun das Mehl streuen und braun anschwitzen, langsam die Fleischbrühe zugießen und dabei mit dem Schneebesen kräftig rühren, um Klümpchenbildung zu verhindern. Die Sauce kräftig durchkochen, dabei mit Salz, Pfeffer und Essig abschmecken.

Weiße Käs mit Gequellten

Pellkartoffeln sind, das weiß jedes Kind, in der Schale gekochte Kartoffeln. Benannt aber werden sie je nach Dialekt unterschiedlich. So serviert man sie in der Pfalz als Gequellte, im Rheinland isst man sie als Quellmänner, die Hessen mögen gerne Quellkartoffeln, wohingegen die Schweizer Gschwellti lieben und die Österreicher sie als Erdäpfel oder auch als Schelfeler auf den Tisch bringen. Sie alle aber haben eines gemeinsam: Auf diese Art in der Schale gekocht, bleibt ihr Aroma ebenso erhalten wie der Nährwert, den die Salzkartoffel beim Garen fast einbüßt.

Zutaten:

1,5 kg neue, möglichst kleine Kartoffeln

Für den weißen Käse:

300 g Magerquark

150 g Crème fraîche

1 Zwiebel

1 Bund Schnittlauch

Salz, Pfeffer und Kümmel oder Paprika

In einem Topf ¼ l Wasser zum Kochen bringen. Die gründlich gewaschenen Kartoffeln sowie 1 EL Salz hineingeben und den Deckel fest verschließen. Erst wenn die Kartoffeln nach etwa 20 Min. gar sind, den Deckel abheben, damit der Dampf entweichen kann. Die Gequellten sofort anrichten.

Zuvor die Zwiebel in sehr kleine Würfel und den Schnittlauch in kurze Röllchen schneiden. Quark und Crème mit dem Mixstab locker aufschlagen, mit Zwiebeln, Schnittlauch, Salz und weißem, frisch gemahlenem Pfeffer mischen und in eine Schüssel umfüllen. Je nach Lust und Laune mit Paprika oder Kümmel überstreut zu den Gequellten servieren.

Dreggische Grumbeere

Dreggische Grumbeere findet man sehr häufig in Pfälzer Weinstuben. Sie werden je nach »Omas Tradition« recht unterschiedlich aufgetragen. Mehr oder weniger zerfallene Würste, mal auch mit einem Spiegelei gekrönt. Es handelt sich jedoch immer um ein leckeres und kalorienreiches Mahl. Wenn also nach einer Wanderung gehöriger Appetit erlaufen wurde, kann mit großer Freude zugelangt werden.

Zutaten:

1 kg festkochende Kartoffeln

1 Zwiebel

Salz, Pfeffer und Majoran

2–3 EL Sonnenblumenöl

je 250–300 g hausgemachte Leber- und Blutwurst

einige Gewürzgurken

Es empfiehlt sich, die Kartoffeln in Salzwasser am Vortag zu kochen, so können sie gut auskühlen.

Die Kartoffeln pellen und in nicht zu dünne Scheiben schneiden. Die Zwiebeln schälen und fein würfeln. In einer beschichteten Pfanne das Öl erhitzen, die Zwiebeln darin bräunen, herausnehmen und die Kartoffelscheiben im Fett knusprig braten. Die Zwiebeln wieder zugeben, mit Majoran, Salz und Pfeffer würzen und die in Scheiben geschnittene Wurst in die Kartoffelpfanne geben. Unter fleißigem Wenden fertig braten (die Wurst soll zerlaufen, darf aber nicht anbrennen).

Auf heißen Tellern servieren. Dazu gehören Gewürzgurken und ein Graubrot. Ein Pfälzer Rotwein oder ein Bier vollenden das deftige Mahl.

Gebrätelte Woi-Grumbeere

Hinter der Bezeichnung »Gebrätelte« steckt nichts anderes als roh gebratene Kartoffeln, gewürzt mit einer gehörigen Menge Majoran. Doch wenn es um Kartoffeln und Wein geht, sind die Pfälzer schnell bereit, diese beiden Zutaten in einen Topf – will sagen, eine Pfanne – zu werfen. Und so kommt es zu diesen in Wein gebrätelten Grumbeere.

Zutaten:

1,5 kg fest- oder vorwiegend festkochende Kartoffeln

2 große Zwiebeln

2–3 EL Butterschmalz

⅛ l Brühe

1 Glas trockener Weißwein

1 Lorbeerblatt

Salz, Pfeffer, Majoran

Die Kartoffeln schälen, waschen und in dünne Scheiben schneiden. Die Zwiebel schälen und fein würfeln. In einer großen Pfanne 1 EL Butterschmalz erhitzen, zunächst die Zwiebelwürfel darin goldgelb anbraten, herausschaben und zur Seite stellen. Dann den zweiten EL Butterschmalz in die Pfanne geben und die Kartoffelscheiben bei starker Hitze 10 Min. unter häufigem Wenden braten. Nun haben die Grumbeere schon eine schöne braune Kruste und so können Wein und Brühe zugegossen und die Zwiebelwürfel über die Kartoffeln gestreut werden. Nicht vergessen, das Lorbeerblatt einzulegen. Die Pfanne mit einem Deckel verschließen und bei geringer Hitze die Kartoffeln in etwa 30 Min. braten. Den Deckel abnehmen und die Restflüssigkeit 10 weitere Min. verdampfen lassen, bis die Kartoffeln knusprig braun werden. Die Gebrätelten mit Salz, Pfeffer und Majoran würzen.

Geditschte-Gedatschte

Hätten die Pfälzer nicht ihre eigene Bezeichnung gefunden, so würde man sie Kartoffelbällchen nennen. Eigentlich eine Resteverwertung. In der Pfalz ist man jedoch durchaus bereit, der Geditschte-Gedatschte wegen eigens frische Grumbeere zu kochen. Die Bezeichnung »Geditschte-Gedatschte« bezieht sich übrigens auf deren Herstellungsverfahren: Die erste Seite der Kartoffelbällchen wird im Mehl gewendet, die zweite durchs Mehl gezogen.

Und das geht so:

Zutaten:

2 kg festkochende Kartoffeln

Mehl nach Bedarf für den Teig und zum Wenden

Salz, Pfeffer, Muskat

Butterschmalz

Die Kartoffeln schälen, stückeln und in gesalzenem Wasser gar kochen. Das Wasser abgießen und die Kartoffeln unter Schütteln auf der noch warmen Herdplatte im Topf trocken dämpfen. Die Kartoffeln nun zum Kartoffelstampf verarbeiten; diesem wird Mehl beigemengt, bis die Mixtur gebunden ist. Mit Salz, frisch gemahlenem, weißem Pfeffer und ein wenig Muskat würzen. Aus diesem Teig kleine Küchlein formen. Diese werden in einem Teller mit Mehl von beiden Seiten gewendet. In heißem Butterschmalz goldgelb braten und heiß auftischen.

Grumbeerstampf

Schon seit jeher haben die Pfälzer den Kartoffelstampf dem allerorts bekannten und beliebten Kartoffelpüree vorgezogen. Im Kartoffelstampf bleibt etwas von der Konsistenz der ursprünglichen Kartoffel erhalten. Sie werden also nicht völlig zerquetscht und zu Brei umgewandelt, sondern werden zu einer Masse mit kleineren Stückchen. Allerlei Gemüse wird zur Untermischung empfohlen. Ich möchte nur Wolfgang Siebeck nennen, der schon vor Jahren diese Zubereitung praktiziert und auch für seine interessierte Fangemeinde aufgeschrieben hat. Aber der Pfälzer Grumbeerstampf, der wird nur aus gekochten, gestampften Grumbeere, bedeckt mit herrlich braunen Zwiebelringen, gemacht.

Zutaten: 1 kg vorwiegend festkochende Kartoffeln ☕ ⅛ l Milch (sehr fein schmeckt es auch mit einem Milch-Sahne-Gemisch) ☕ 2–3 EL Butter ☕ Salz, Pfeffer ☕ ein wenig Muskat

Die Kartoffeln schälen, abbrausen und in gesalzenem Wasser ungefähr 20 Min. gar kochen. Das Wasser abgießen und den Rest auf der noch warmen Herdplatte unter Rütteln des Topfes verdampfen lassen. In der Zwischenzeit Milch/Sahne und Butter erhitzen. Die Kartoffeln zerstampfen – mit einem Holzpilz geht das wunderbar. Während der Grumbeerstampf mit einem Holzlöffel fleißig gerührt wird, gießt man nach und nach die heiße Flüssigkeit zu, bis die gewünschte Konsistenz erreicht ist. Nun noch würzen und – der Pfälzer Clou! – eine gute Portion kross geröstete Zwiebelringe dazu servieren.

Meine Empfehlung: Mit gebratener Rinderleber und in Butter gebräunten Apfelringen auftischen.

Wenn Sie Ihren Grumbeerstampf gerne fleischlos essen möchten, ist ein Pilzragout ebenfalls sehr lecker.

Pfälzer Kartoffelbrot

Mit Kartoffeln zu backen ist heute aus der Mode geraten. In Pfälzer Bäckereien findet man aber gelegentlich noch Kartoffelbrot. Es ähnelt in Geschmack und Konsistenz einem lockeren Graubrot. Natürlich kann man es auch selbst backen – den auf S. 33 beschriebenen Kartoffelkuchen wird man ebenfalls selbst backen müssen, denn den habe ich noch nie in der Pfalz angeboten gesehen.

Das folgende Rezept ist nur eine Möglichkeit, ein Kartoffelbrot durch eine Füllung noch köstlicher zu machen. Es passen auch klein geschnittene Oliven, Schafskäse oder ein Gemisch aus beidem dazu, ebenso Stückchen aus Räucherlachs mit etwas Dill.

Zutaten: 500 g festkochende Kartoffeln ⚬ 350 g Mehl ⚬ 125 ml Milch ⚬ 1 Würfel Hefe ⚬ 1 Ei ⚬ 1 EL Sonnenblumenöl ⚬ je 1 TL Salz und Zucker ⚬ 100 g magerer, geräucherter Speck ⚬ 1 mittelgroße Zwiebel

Die Kartoffeln schälen und sehr fein reiben, in ein Tuch einschlagen und kräftig auspressen. Die Hefe zerbröseln, mit etwas lauwarmer Milch vermischen und bedeckt im 50° C warmen Backofen 15 Min. aufgehen lassen. Zu der Kartoffelmasse Ei, Öl, Mehl, Salz und Zucker sowie den Hefeansatz mischen. Nun tritt der Rührstab oder die Küchenmaschine in Aktion: Den Teig kneten, bis er sich als Ballen vom Schüsselrand löst. Mit einem Küchentuch bedeckt, an einem warmen Ort mindestens 30–40 Min. aufgehen lassen. Indes Speck und Zwiebeln würfeln, den Speck in einer schweren Pfanne auslassen, mit dem Schaumlöffel herausnehmen und die Zwiebeln im Speckfett weich (nur weich, nicht braun) dünsten. Die abgekühlte Mischung in den aufgegangenen Teig einarbeiten. Den Teig zu einem Brot formen oder in eine Kastenform füllen. Nochmals bedeckt 30 Min. – oder bis er gehörig aufgegangen ist – gehen lassen. Im vorgeheizten Backofen bei 180–200° C Umluft etwa 45 Min. backen.

Gerollde Grumbeerknepp

Gerollte Kartoffelklöße oder Serviettenklöße (als Serviettenkloß bezeichnet man einen großen, in einem Tuch gekochten Kloß) können sehr gut zu Braten oder Ragout serviert werden. Gefüllt mit einer Fleischfarce serviert man sie mit heißer Butter überzogen oder mit einer Specksauce. Diese beinahe in Vergessenheit geratene Zubereitung ist viel weniger umständlich als das Rollen einer größeren Menge Klöße. Ist der Teig in ein Tuch gewickelt, bleibt das Wasser zudem »klar wie Kloßbrühe«.

Zutaten:

1 kg vorwiegend festkochende Kartoffeln

225 g Mehl

2 Eier

1 große Zwiebel

60 g Butter

5 EL Semmelbrösel für die Füllung und weitere Brösel zum Bräunen in Butter

Die Kartoffeln in der Schale kochen, pellen und durch die Presse drücken. Diese Masse mit dem Mehl, den Eiern und etwas Salz zu einem Teig verarbeiten. Auf einer gut bemehlten Arbeitsfläche fingerdick ausrollen. Die Zwiebel schälen, in kleine Würfel schneiden und zusammen mit den Bröseln in 2 EL Butter anrösten. Etwas abgekühlt auf die Teigplatte streichen. Die Platte aufrollen, in eine Stoffserviette einrollen, die Enden mit Küchengarn fest abbinden und in siedendem Salzwasser eine Stunde garen lassen. Die fertige, ausgewickelte Serviettenkloßrolle in Scheiben schneiden und mit den in der restlichen Butter gerösteten Bröseln überziehen.

Himmel und Erde

Dieses volkstümliche Wintergericht, das nicht nur nach Land und Leuten, sondern von Haushalt zu Haushalt anders zubereitet wird, variiert in seinen Bestandteilen. Auf 1 kg Kartoffeln können 500–1000 g Äpfel kommen. Ich habe ein Mittelding gewählt, das dem rheinischen Rezept meiner Mutter entspricht.

Warum übrigens die merkwürdige Bezeichnung »Himmel und Erde«? Nun, die auf dem Baum wachsenden Äpfel sind dem Himmel nah, die Kartoffeln dagegen wachsen in der Erde.

Zutaten: 1 kg vorwiegend festkochende Kartoffeln ⸙ 750 g Boskop ⸙ 60 g Butter ⸙ Salz ⸙ frisch gemahlener schwarzer Pfeffer ⸙ 2 EL Zucker ⸙ 125 g magerer, geräucherter Speck ⸙ 1 große Zwiebel ⸙ pro Person 1 kleines Blut- sowie 1 kleines Leberwürstchen

Die Kartoffeln schälen und klein schneiden, die Äpfel schälen, entkernen und ebenfalls in Stücke schneiden. Beides in getrennten Töpfen mit wenig Wasser aufsetzen und gar dünsten, anschließend zerstampfen. Nun die Butter und die Gewürze zu dem Kartoffelstampf geben. Mit einer Gabel oder einem Löffel schlagen, bis ein schaumiger Brei entstanden ist, dem dann zuletzt die Äpfel zugemischt werden. Den Speck in Würfel und die Zwiebel in feine Ringe schneiden. In einer Pfanne die Speckwürfel braun und kross braten, herausnehmen und im Speckfett die Zwiebeln bei mittlerer Hitze zu knusprig braunen Ringen braten. Die Temperatur erhöhen und auch die Würste im Fett schön kross anbraten. Kleine Blutwürste können als Ganze gebraten werden. Bei dickeren Würsten empfiehlt es sich, sie vor dem Braten zu halbieren und in Stücke zu schneiden. Himmel und Erde heiß, bedeckt mit Speck und Zwiebeln, auftragen und mit den Würsten dekorieren. Es schmeckt sehr gut, wenn Himmel und Erde mit dem Bratfett übergossen werden.

Kartoffel-Steinpilz-Kuchen

Ähnlich wie ein Lauchkuchen eignet sich auch dieser Steinpilzkuchen sehr gut als Vorspeise. Als Appetitstiller für eine weinfröhliche Runde ist er ebenfalls bestens geeignet. Die Zutaten sind für eine Kuchenform von 28 cm Durchmesser bestimmt.

Zutaten für den Boden: 125 g Magerquark ☕ 1 Ei ☕ 2–3 EL Mich ☕ 4 EL Sonnenblumenöl ☕ 200 g Mehl ☕ 1 TL Backpulver ☕ Salz

Zutaten für die Füllung: 300 g festkochende Kartoffeln ☕ 3 Eier ☕ 100 g süße Sahne ☕ 1 mittelgroße Zwiebel ☕ 250 g Steinpilze ☕ Salz, Pfeffer ☕ ½ TL gemahlener Koriander ☕ 2 EL Butter

Die Kartoffeln etwa 20 Min. in Salzwasser gar kochen, abgießen, abkühlen lassen und pellen. Den Backofen auf 200–220° C Umluft vorheizen. Für den Boden Quark, Milch, Ei, Sonnenblumenöl und 1 Prise Salz verrühren. Das Mehl und das Backpulver zugeben und aus der Mischung den Teig für den Boden zubereiten. Es soll ein geschmeidiger Teig entstehen. In eine gefettete Springform legen und mit den Fingerspitzen ausbreiten, dabei auch einen Rand hochziehen und festdrücken. Die Kartoffeln in Scheiben schneiden, die Pilze säubern und ebenfalls in Scheiben schneiden, die geschälte Zwiebel fein würfeln. In einer Pfanne 2 EL Butter schmelzen und zunächst die Zwiebeln weich dünsten. Die Pilze zugeben und 3 Min. mitschmoren lassen. Dann noch die Kartoffelscheiben zugeben und durchschwenken, um auch sie mit Fett zu überziehen. Mit Salz, Pfeffer und dem Koriander würzen. Alle Zutaten gründlich vermischen und auf dem Teigboden verteilen. Im vorgeheizten Backofen 25 Min. backen. Die 3 Eigelbe verquirlen, mit süßer Sahne vermischen und über den Kuchen gießen. Nochmals 5 Min. backen, bis die Eier-Sahne-Mischung stockt, und heiß servieren.

83

Pellissimo mit Roquefortcrème
Die frühe Knolle aus der Pfalz

Diese ganz besondere Grumbeer, die nur in der Pfalz angebaut wird, zeichnet sich durch ihre extrem zarte Schale aus, die eigentlich nur eine sehr feine Haut ist. Diese ist noch nicht ausgereift und hat daher einen feinen, nussigen Geschmack, der mit dem erdigen Aroma ausgereifter Kartoffelschalen nicht zu vergleichen ist. Darum kann man nicht nur, sondern muss diese feine Haut sogar mitessen. Alles andere wäre eine Sünde! Wer mit der Schale genießt, nimmt auch mehr Vitamine und Nährstoffe zu sich, denn diese befinden sich in den äußeren Randschichten der Frucht. Mit der Schale genießt man natürlich auch eine größere Geschmacksvielfalt. Dass das Pellen entfällt, ist ein weiterer Vorteil.

So ist es ganz klar, dass diese einzigartige Kartoffel bei Insidern und Genießern als Geheimtipp gilt.

Zutaten:

1,5–2 kg kleine Pellissimo oder andere Erstlinge

3 EL grobes Salz

5 Knoblauchzehen

2 Lorbeerblätter

1 Zweig Thymian

100 g Roquefort

100 g Frischcrème oder Mascarpone

Die Kartoffeln unter fließendem Wasser sauber schrubben und anschließend trocken tupfen. Die frischen Knollen mit den Kräutern und dem Salz in einen Tontopf oder eine Auflaufform mit Deckel füllen. Den Topf dicht verschließen und bei 180° C Umluft 1 ½ Stunden in der Backröhre garen.

Roquefort und Frischcrème oder Mascarpone mit einer Gabel vermischen und mit frisch gemahlenem schwarzem Pfeffer würzen.

Ofenkartoffeln mit einem Dip aus Ziegenkäse

Wenn die ersten frühen Kartoffeln auf den Markt kommen, ist der beste Zeitpunkt, um Ofenkartoffeln zuzubereiten. Die Sorte Pellissimo mit ihrer zarten Haut eignet sich hervorragend. Auch einige besondere Sorten wie Trüffelkartoffeln, Kipfle oder Drillinge sind, auf diese Art bereitet, eine Delikatesse. Vor allem in Verbindung mit dem empfohlenen Ziegenkäse-Dip.

Zutaten:

1,5–2 kg möglichst kleine Kartoffeln

2 EL grobes Salz

4–6 Knoblauchzehen

1 Lorbeerblatt

1 Thymianzweig

200 g Ziegenfrischkäse

1 Becher Crème fraîche

Thymian, Petersilie, Schnittlauch

Die Kartoffeln unter fließendem Wasser sauber schrubben und anschließend trocken tupfen. Die frischen Knollen mit Knoblauch, dem Lorbeerblatt, dem Thymianzweig und dem Salz in einen Tontopf oder eine Auflaufform mit Deckel füllen. Den Topf dicht verschließen und bei 180° C Umluft 1 ½ Stunden in der Backröhre garen.

Für den Ziegenkäse-Dip zunächst den Käse cremig rühren, dann mit der Crème fraîche und den restlichen Kräutern vermischen.

Hübsch anrichten und mit einigen Petersilienblättchen dekorieren. Sehr gut eignet sich glatte, großblättrige Petersilie, da sie viel zarter ist als die herkömmliche mit ihren meist krausen Blättern.

Pfälzer Quetsche-Knepp
Zwetsche-Knepp

Die länglichen Zwetschgen mit ihren spitzen Enden sind den Pflaumen schon deshalb vorzuziehen, weil sich ihr Kern mühelos entnehmen lässt. Je nach Sorte sind die Früchte dunkelblau oder dunkelviolett. Das feste Fruchtfleisch ist goldgrün bis goldgelb. Vor allem die frühen Sorten sind sehr saftig und ihr Geschmack ist süß mit einer milden Säure.

Was die Pfälzer Zwetschgenknödel von anderen unterscheidet: Sie werden in einer Brösel-Butter-Mixtur herumgerollt.

Zutaten: 1 kg vorwiegend festkochende Kartoffeln ☕ 250–300 g Mehl ☕ 2 Eier ☕ Salz ☕ 500 g entsteinte Zwetschgen und für jede Frucht 1 Zuckerwürfel ☕ 100 g Butter ☕ 6 EL Semmelbrösel ☕ Zucker und Zimt zum Überstreuen

Die Kartoffeln am besten schon am Vortag in der Schale kochen, pellen und völlig auskühlen lassen.

Am nächsten Tag die Kartoffeln durch die Kartoffelpresse drücken. Eier, Salz und so viel Mehl zugeben, dass der Teig sich ausrollen lässt. Aus dem 1 cm dick ausgewellten Teig 10 cm große Quadrate schneiden. Diese werden jeweils mit einer aufgeschnittenen Pflaume, die mit einem Zuckerwürfel gefüllt ist, belegt. Es bietet sich an, mit bemehlten Händen zu arbeiten. Die Pflaumen in den Teig wickeln und Knödel formen. Mit einem Schaumlöffel in kochendes Salzwasser geben und etwa 15 Min. ziehen lassen. Die Knödel sind fertig, wenn sie an die Oberfläche steigen. In der Zwischenzeit in der zerlassenen Butter die Semmelbrösel goldbraun rösten. Die Knödel mit dem Schaumlöffel aus dem Wasser fischen und abtropfen lassen. In der Brösel-Butter-Mixtur rollen. Zucker und Zimt mischen und zu den Knödeln servieren.

Wallhalbener Grumbeer-Lebkuche

Diese Lebkuchen aus Kartoffeln werden auf dem Grumbee-re-Markt in Wallhalben angeboten. Das Grundrezept habe ich übernommen, jedoch nach eigenem Geschmack variiert.

Zutaten für 100 Stück: 6 Eier ☕ 750 g Zucker ☕ 1 ½ TL Zimt ☕ 1 TL Nelkenpulver ☕ je 100 g Orangeat und Zitronat (fein gehackt) ☕ 900 g am Vortag gekochte, durchgepresste, mehligkochende Kartoffeln ☕ 500 g gemahlene Haselnüsse ☕ 450 g Mehl ☕ 1 ½–2 Packungen Backpulver ☕ Schokoladenguss ☕ halbierte Mandeln ☕ Oblaten

Aus Eiern und Zucker eine Schaummasse rühren und die Gewürze zugeben. Kartoffeln, Haselnüsse, gesiebtes Mehl und Backpulver unterheben. Die Lebkuchenmasse auf große (90 mm) Oblaten streichen und bei 180° C Umluft etwa 20–30 Min. backen. Wenn die Lebkuchen erkaltet sind, mit Schokoladenguss bestreichen und mit halbierten Mandeln verzieren.

Quellennachweis

Willi Hack, Eine Hackfrucht erobert das Bauernland der Sickinger Höhe – Die »Grumbeer« wird zum »Sickinger Gold«, Seite 229 bis 233, in Heimatbuch der Verbandsgemeinde Wallhalben, Herausgeber Verbandsgemeinde Wallhalben (Zweibrücken, Druck Conrad + Bothner, 1994).

»Grübling Baum«, aus dem Neuw Kreuterbuch von Jakob Theodor (Tabernaemontanus) in der Bearbeitung von Caspar Bauhin (Frankfurt am Main: P. Jacobi für J. Dreutel, 1625).

Bildnachweis

S. 8, Chuño-Kartoffeln: Lizenziert unter der Creative Commons-»Namensnennung-Weitergabe unter gleichen Bedingungen«-Lizenz, in der Version 3.0: Eric in SF

S. 11, »Grübling Baum«: Ruedi Fischbacher, Wittenwil (Schweiz)

S. 11-12, Kartoffelmuseum Fußgöhnheim: Peter Schmitt, Pfälzische Früh-, Speise- und Veredlungskartoffel-Erzeugergemeinschaft w. V., Neustadt an der Weinstraße

S. 14, Ebernburg: Lizenziert unter der Creative Commons-»Namensnennung-Weitergabe unter gleichen Bedingungen«-Lizenz, in der Version 2.0: Snapshots Of The Past

S. 15, »Die Grumbeer« von Ludwig Hartmann, aus dem Buch Kinnersprich vum Ludewig (Ludwigshafen: Verlag E. Weinhold, 1920): mit freundlicher Genehmigung von Herrn Dr. Roland Hartmann, Neustadt an der Weinstraße

S. 20, Metrostation Parmentier (unten rechts): Lizenziert unter der Creative Commons-»Namensnennung-Weitergabe unter gleichen Bedingungen«-Lizenz, in der Version 3.0: Clicsouris

S. 22, Bikini-Kartoffel: www.kartoffel.ch

Alle anderen Bilder: Helga und Philipp Rosemann

Inhalt

Rezepte

Die Autorin

Helga Rosemann, eine geborene Kölnerin, hat ihr erstes Kochbuch »So ein Würstchen!« bereits 1971 veröffentlicht. Seit 1997 ist Helga Rosemann in der Pfalz wohnhaft und hat sich seitdem auf die Pfälzer Küche spezialisiert. Aus ihrer Feder stammen »Flammkuchen« (2009), »Berühmte Pfälzer und ihre Leibgerichte« (2011) und »Dampfnudeln« (2012). »Kartoffel auf Pfälzisch« ist ihr erster Titel bei Der Kleine Buch Verlag.

www.helga-rosemann.de

Die Deutsche Nationalbibliothek verzeichnet diese Publikation in der Deutschen Nationalbibliografie; detaillierte bibliografische Daten sind im Internet unter www.dnb.de abrufbar.

© 2016 Der Kleine Buch Verlag, Karlsruhe

Projektmanagement & Korrektorat: Julia Barisic
Lektorat: Anja Winckler
Umschlaggestaltung, Satz & Layout: Beatrice Hildebrand
Umschlagabbildung: Helga Rosemann
Druck: Multiprint GmbH, Bulgarien

ISBN 978-3-7650-8649-6

www.derkleinebuchverlag.de
www.facebook.com/DerKleineBuchVerlag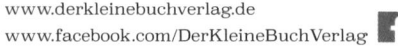